버려진 머리카락의 승화

고 재 경

KB188877

인 사 말

미용아티스트로써

자연환경을 사랑하는 마음으로 여가를 활용해

머리카락을 예술로 승화시키는 작업은

참으로 행복한 일이다.

버려진 머리카락을 하나의 작품으로 승화시켜

많은 사람들에게 아름다움과 행복을 선사하고

무한한 예술성과 창의력으로

미용인들에게 작은 도움이 되기를 희망한다.

프로필

고재경

Ko Jaegyung

- 대한미용사회 중앙회 20기 기술강사
- 대한미용사회 중앙회 1기 헤어아트강사
- 머리카락공예 단체전1회

- 개인전 2회
  둥지향 갤러리 1회
  충북대병원 갤러리 1회

- 2023 충북 자랑스러운 직업인 선정
- 이미용 직업 훈련교사
- 2023년 9월 19일 충북7시뉴스
- 화재현장 이곳 출연
- 퍼스널컬러전문가 1급

목 차

I

헤어(머리카락) 아트

캔버스를 이용한 작품

무궁화 전도

독수리

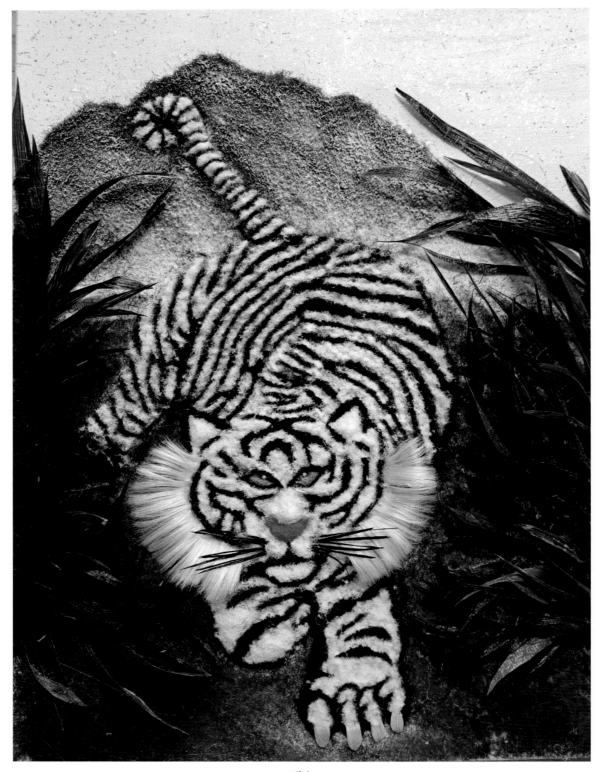

백호

범선

거북선

공작새

물까치

갈매기

홍학

사랑의 열매

동백꽃

노란국화

붉은 국화

해바라기

데이지 꽃

동설난 1

구절초

수국

매화

동백 숲길

동설난

네잎클로버

버려진 머리카락의 승화

대나무 숲

사랑일까?
그리움일까?

여인의 향기

신윤복의 단오풍정

신윤복의 쌍검대무

신윤복의
그네 타는 여인

신윤복의
연소 답청

신윤복의
야금모행

조선의 여인들

신윤복의 춘색만원

II

다육이 만들기
머리카락을 이용한 작품

다육이 만드는 과정

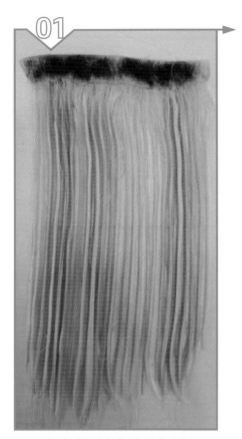

글루건 작업을 하여 머리카락을
모으는 작업을 한 후 탈색한다.

원하는 칼라로 코팅 작업한다.

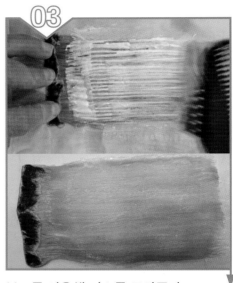

본드를 이용해 피스를 모아준다.

글루건을 이용해 다육이 씨를 만든다.

만들어 놓은 씨에 디자인한 피스로
감싼다.

하나로 묶어 장식한다.

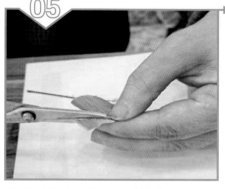

반건조된 피스를 디자인한다.

헤어공예

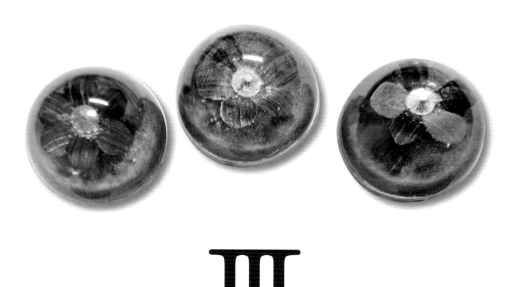

III

레진공예

레진을 이용한 작품

레진을 이용한 공예 과정

디자인한 공예를 실리콘 안에 모양을 잡아 안착시킨다.

주제와 경화제를 2:1로 혼합한 후 3분간 잘 저어준다.

03

모양을 잡아둔 틀안에 레진을 부어준 뒤
12시간 후에 떼어낸다.

04

완성품(브로치&머리끈&그립톡)

레진을 이용한 꽃 이슬

IV

혼주장식 만들기

머리카락을 이용한 작품

혼주머리장식 만드는 과정

머리카락을 묶는다

탈색작업을 한다

칼라작업을 한다

접착제(오공본드 나 우드락 본드)를
이용해 풀작업 후 상온에서
완전 건조시킨다.

풀작업한 머리카락피스를 원하는
모양으로 디자인한 후 아이롱을
이용해 형태를 잡는다

오브제를 이용해 원하는 작품을
완성한다 (글루건 이용)

완 성

혼주한복 브로치

행사용 브로치

생활 브로치

버려진 머리카락의 승화

발 행 일 | 2024년 12월 23일
지 은 이 | 고 재 경

발 행 처 | 동해출판사
주   소 | 충북 청주시 상당구 우암산로 28 (우 28513)
전 화 번 호 | 043.256.0323   팩   스 | 043.253.5979
전 자 우 편 | dhs0323@hanmail.net
등   록 | 제1997-1001-80호

ISBN 978-89-87562-27-8   정가 20,000원

■ 이 책에 실린 작품의 저작권은 해당 작가에게 있습니다.

값 20000 원
03630

9 788987 562278
ISBN 978-89-87562-27-8